ORIGINES

DES BONAPARTE

—

—

ALENÇON. — TYP. DE POULET-MALASSIS ET DE BROISE

QUELQUES MOTS

SUR LES

ORIGINES

DES BONAPARTE

PAR

RAPETTI

NOUVELLE ÉDITION

PARIS

POULET-MALASSIS ET DE BROISE

IMPRIMEURS-LIBRAIRES-ÉDITEURS

9, rue des Beaux-Arts

1858

PRÉFACE

—

Les lignes qui suivent ont été publiées, toutes à peu près, dans le *Moniteur* (1), à l'occasion d'une importante composition historique : LE ANTICHITA DEI BONAPARTE (2).

(1) Du 17 mai 1858.

(2) LE ANTICHITA DEI BONAPARTE, con uno studio storico sulla Marca Trivigiana, per FEDERICO STEFANI, socio corrispondente dell' Ateneo di Treviso, precede una introduzione per LUCIANO BERETTA, dottore e professore in diritto, socio corrispondente dell' Ateneo di Venezia, direttore del giornale di Giurisprudenza pratica ; in-folio, Venezia, 1857, co' tipi di Giovanni Cecchini. — *Les Antiquités des Bonaparte,* avec une étude historique sur la Marche de Trévise, par Frédéric Stefani, membre correspondant de l'Athénée de Trévise, ouvrage précédé d'une introduction, par Lucien Beretta, docteur en droit et professeur, membre correspondant de l'Athénée de Venise, directeur du *Journal de Jurisprudence pratique ;* in-folio. Venise, 1857, de l'imprimerie de Jean Cecchini.

Cet ouvrage, magnifiquement imprimé et tiré à 100 exemplaires seulement, a été donné et n'est pas dans le commerce.

Un zèle désintéressé pour l'érudition n'a point seul inspiré les deux savants auteurs italiens. M. Frédéric de Stefani et M. Lucien Beretta ont tenu à revendiquer pour leur noble pays la gloire d'avoir été le berceau de la plus grande famille des temps modernes.

Singulière destinée de cette terre privilégiée ! Si loin qu'on se reporte à travers les âges, elle semble avoir été choisie pour être la patrie du génie de la civilisation. Dans les temps anciens, après deux créations presque fabuleuses, les Osques et les Etrusques, après les cités éphémères et brillantes de la Grande-Grèce, les Romains, instituteurs et maîtres du monde. Dans les temps modernes, la première reconstruction d'un ordre social, la première réformation des sociétés civiles, le premier affranchissement des communes, la première fédération d'Etats ; le Saint-Siége, le Saint-Empire, le gouvernement du monde institué sous ses deux formes, spirituelle et temporelle ; au milieu des compétitions de ces deux suprématies, non pas seulement des luttes atroces, mais un merveilleux épanouissement du travail humain, le commerce, l'industrie, les sciences, les arts Et quand même elle a paru s'interrompre dans son œuvre d'initiatrice universelle, l'Italie n'a point cessé de faire sortir de son sein, dans tous les temps, ces hommes qui vont porter loin d'elle l'habileté, la clarté, la souplesse, la vaste compréhension de son génie organique et fécond en expédients.

De ces hommes qu'elle prête aux nations comme des représentants d'elle-même, on n'a pas besoin de nommer celui qui a été le plus prodigieux et le plus bienfaisant.

Mais si l'on en croyait quelques-uns, la gloire d'avoir produit les BONAPARTE, n'a pas à se mêler, pour l'Italie, à beaucoup de reconnaissance. Triste vue, injuste plainte ! Avec le sens profond qui la distingue, la vraie Italie ne s'est point laissé tromper par quelques faux semblants momentanés, nécessaires, de violence ou d'abandon, et toujours elle a compris que, pour elle, aimer les BONAPARTE, c'était s'aimer.

Dans notre travail, nous n'avons eu qu'un but, et c'est d'accueillir avec une parole sympathique, au nom de tous, une généreuse offrande de l'érudition et du patriotisme italiens. S'il n'échappait pas à ceux qui nous feront l'honneur de nous lire, qu'il y a dans ce que nous disons bien des lacunes et bien des réticences, nous nous bornerions, pour nous excuser, à représenter une au moins des difficultés qui ont fait obstacle à la libre expression de notre pensée.

Nous voulons parler de l'embarras où l'on est aujourd'hui à s'entretenir d'un sujet touchant à cette question : la noblesse !

Il est, dit-on, de par le monde, de pauvres sauvages qui croient s'habiller à l'européenne, en révêtant quelques oripeaux disparates que les baleiniers leur ont vendus. Comme ils ignorent la destination de ces objets qu'ils prennent tous pour des ornements de toilette et des marques de distinction, on les voit se parer avec orgueil de petits meubles étranges et parfois même d'ustensiles de cuisine. Ainsi font de la noblesse nos bourgeois enrichis du temps présent. Ils croient s'être anoblis parce qu'ils ont acheté chez les marchands de bric-à-brac quelques vieux bahuts, quelques vieux portraits, et mis à leurs noms des particules et des titres dont ils ne savent pas l'usage, encore moins l'origine et la raison.

On a été obligé de faire une loi pour les empêcher, presque tous, de renier leurs pères (1).

On aurait peut-être mieux réussi à les arrêter, si on avait pu leur faire comprendre qu'en prenant des titres, ils couraient risque de s'obliger à vivre noblement, et ce que c'est de vivre noblement.

(1) Loi du 28 mai 1858.

Comment parler sérieusement de noblesse devant une pareille folie (1) ?

S'il nous avait été permis d'entrer résolûment dans notre sujet, c'est tout autrement que nous aurions essayé de le traiter. Nous aurions pris au sérieux le fait naturel d'après lequel, dans tous les temps, dans tous les lieux, il y a eu des distinctions entre les familles comme il y en a entre les nations. Quel est

(1) On n'en peut parler que pour la combattre, comme l'a fait dans un petit livre, étincelant de verve, un économiste, écrivain distingué, M. Félix Germain. Antérieur à la loi du 28 mai 1858, ce vif manifeste des idées de 89 tendait à prévenir certaines mesures dont on se préoccupait beaucoup dans le public et qui n'étaient nullement dans les intentions du gouvernement. De là le titre de cet opuscule qui a porté à faux : *Du Rétablissement légal de la Noblesse,* Paris, 1857, in-12, 3° édition, chez Dentu. Mais M. Félix Germain n'a pas manqué de justesse dans sa manière de diriger ses coups contre les prétentions nobiliaires de nos bourgeois d'à-présent. Au reste, le but de la loi du 28 mai 1858 est clairement indiqué par la teneur de ses articles, et elle a été l'objet de déclarations qui ne permettent pas le doute aux plus ombrageux partisans du principe de l'égalité. Les lois ont toujours garanti la propriété et la sincérité des noms. Il y a des noms distincts comme il y a des familles distinctes et comme il n'y a pas promiscuité. Bien des règles de l'ordre social deviendraient impossibles avec la mutation et la confusion arbitraires des noms. C'est ce qui a été hautement reconnu dans nos deux assemblées, notamment par M. Delangle, au Sénat : « Prévenir contre les usurpations de l'intrigue et de la vanité des titres respectés par l'opinion publique et pour la plupart acquis par des services ; maintenir dans des conditions légales l'intégrité de l'état civil en mettant obstacle à l'altération frauduleuse des signes qui distinguent les familles ; empêcher que des inconnus ne s'emparent de noms honorés pour en couvrir leur amour-propre ou leur indignité ; faire, en un mot, la police morale de la société : telle est la loi proposée dans son texte et dans son esprit... » *Rapport* fait au Sénat par M. Delangle, alors premier président de la cour impériale de Paris, aujourd'hui ministre de l'intérieur. — Voir le *Moniteur* du 18 juin 1858.

ce fait ? Ici, une dissertation de physiologie morale transcendante qui nous aurait mené assez loin de quelques idées reçues, et que nous n'indiquerons pas davantage. Au reste, tout ce que nous aurions prétendu établir, c'est qu'il y a parmi les hommes des vocations différentes, que ces vocations consistent en des dispositions ou aptitudes préexistant en nous à l'éducation, de telle sorte que les uns naissent propres à devenir des savants ou des artistes, les autres des commerçants ou des industriels, d'autres des militaires, des juges, des gouvernants ; que ces vocations, distinctes par leur but, distinctes aussi par leurs qualités, se prêtent toutes naturellement aux conditions diverses des œuvres auxquelles elles doivent s'appliquer ; ainsi, par exemple, le gouvernement des sociétés ne souffre pas d'interrègne et ne se passe pas de durée, de constance, de pérennité : or, il arrive que la vocation spéciale au gouvernement présente ce phénomène étrange, et c'est que, seule peut-être, elle ne s'arrête pas à des individus ; elle choisit une famille et s'y perpétue plus ou moins longtemps. Il naît des familles souveraines (1).

(1) Que l'on ne croie pas que nous cachons ici quelque pétition pour l'établissement des castes. Les castes de l'Inde brahmanique, nous ne l'ignorons pas, portent en elles trois vices dont un seul suffirait pour les faire condamner : 1° elles ne sont pas accessibles à toutes les vocations nouvelles ; 2° elles ne peuvent pas s'ouvrir pour laisser s'échapper le *caput mortuum* de leurs dégénérescences ; 3° enfin, elles parquent bien

Quoiqu'il en soit, nous serions arrivé à cette conclusion : il y a noblesse là où il y a aptitude innée aux fonctions de la souveraineté, se montrant dans une famille non pas une fois, mais avec continuité et d'une façon en quelque sorte héréditaire, comme le sang et le nom que des générations se transmettent de l'une à l'autre. « La noblesse, dit Aristote, est un *mérite de race* (1). »

Ces principes posés, nous eussions soumis à une les hommes comme des espèces différentes d'animaux, mais elles ne les protégent pas. Toutefois, dans les considérations qui ont fait instituer ces castes si imparfaites, il y a une vérité dont tiendront toujours compte ceux qui observent avec attention la nature et les conditions de la vie sociale. Il ne faut point des castes ; mais il faut une certaine constitution et des garanties générales pour les trois états collectifs dont se compose l'activité humaine en société. Ce grand problème a préoccupé le génie organique de notre temps. Napoléon disait un jour au Conseil d'État : « On a tout détruit, il s'agit de recréer. Il y a un gouvernement, des pouvoirs ; *mais tout le reste de la nation, qu'est-ce ? des grains de sable...* » Un autre jour, revenant sur la même idée, l'Empereur reprenait en ces termes, encore au Conseil d'État : « *Je veux constituer en France l'ordre civil.* Il n'y a eu jusqu'à présent dans le monde que deux pouvoirs, le militaire et l'ecclésiastique. » De là, en partie, la Légion d'Honneur, l'Université, et quelques autres institutions, comme l'inamovibilité de la magistrature. Si Napoléon n'a pas poussé plus loin ses tentatives à cet égard, ce n'est pas seulement parce que personne ne le comprenait autour de lui, quand il disait : « *Il faut un ordre civil ;* » c'est aussi parce qu'une œuvre pareille n'est pas possible dans tous les temps ; au lendemain d'une révolution, il y a lieu de craindre, en constituant tout, de constituer en puissance autre chose encore que les énergies naturelles de la vie humaine. Il faut voir, dans les premiers décrets sur l'Université, avec quelles méfiances, quelles réserves et quelles précautions Napoléon a traité l'ingrédient moderne de cet établissement, l'esprit laïque. C'était trop d'art pour une création vraie. Mais Napoléon, qui ne reculait pas devant les difficultés, comptait reprendre à la paix sa tâche de la constitution d'un ordre civil : il l'a laissée à ses successeurs.

(1) ARISTOTE, *Politique,* livre III, chapitre VII, § 7.

enquête minutieuse les faits et gestes des anciens Bonaparte, pour y constater, si cela est possible, les signes génésiaques de leur noblesse ou de leur réelle vocation à la souveraineté ; l'embryogénie historique est fort intéressante ; nous aurions fait cette recherche sans trop ennuyer le lecteur, et voici à peu près un résumé de nos constatations. Cette famille apparaît tout d'abord dans l'histoire avec un grand éclat : c'est au moment de la ligue des villes Lombardes, et ses membres figurent au premier rang parmi les défenseurs de l'indépendance italienne. Puis, elle cède à des événements qu'elle ne suffit pas à conjurer ; elle se disperse, et rentre, comme pour s'y recomposer, dans l'obscurité et le silence. Mais qu'elle occupe ou non la scène du monde, cette famille ne saurait se faire oublier ; elle se dérobe en vain aux sollicitations de sa nature souveraine (1) ; d'année en année, les chroniques

(1) On nous demandera peut-être pourquoi les Bonaparte, s'ils étaient de nature souveraine, n'ont pas eu dans les troubles de l'Italie l'occasion de s'ériger en quelque principauté. Il y a une réponse à cette question dans Aristote : « Certes, dit-il, le droit de faire des révolutions pour prendre le pouvoir politique appartiendrait légitimement aux citoyens d'un mérite supérieur ; *mais c'est là un droit dont ceux-ci n'usent jamais.* » ARISTOTE, *Politique,* livre VIII, chapitre I, § 3, édition de M. Barthélemy Saint-Hilaire, livre V des éditions précédentes. — Le génie politique est essentiellement conservateur ; quand il accourt à l'appel d'une révolution, c'est pour la terminer ; et peut-être est-il un pays où jusqu'ici il a été très-difficile de mettre fin aux révolutions, si non à cause de ce qu'il n'y a plus assez en lui, du moins à cause de ce qu'il y a toujours de trop autour de lui. Mais il naît en ce moment pour l'Italie une grande espérance d'ordre, de régularité et de puissance !

consignent quelques-uns de ses actes, et les érudits qui la rencontrent en bon état dans plusieurs pays italiens, s'étonnent de la trouver partout constante dans sa première tradition, c'est à savoir religieuse et populaire, ce qui signifiait alors du parti de l'Eglise et des communes contre celui des petits princes et de l'empire d'Allemagne ; non étrangère aux armes, il s'en faut, mais civile en même temps que militaire, bien ordonnée, par dessus tout lettrée et adonnée aux études ; la piété, la force, le patronage des faibles, un puissant instinct de conservation, à défaut d'une action continue au dehors, le culte intérieur de l'intelligence : à ces traits caractéristiques, signalés dès le XIIe et le XVIe siècles par les érudits, qui ne reconnaît en germe des facultés et des puissances d'un autre temps ? Nous y aurions surtout reconnu l'attestation d'une aptitude héréditaire pour la souveraineté, l'enfantement et la constitution éprouvée et désormais indéfectible d'une de ces familles prédestinées, préparées, réservées par la Providence. « Il est écrit, dit un grand interprète de ces sortes de vérités, il est écrit : C'EST MOI QUI FAIS LES SOUVERAINS. Ceci n'est point une phrase d'église, une métaphore de prédicateur ; c'est la vérité littérale, simple et palpable. C'est une loi du monde politique. Dieu *fait* les *Rois*, au pied de la lettre. Il prépare les races royales ; il les mûrit au milieu d'un nuage qui cache leur origine. Elles paraissent ensuite *couronnées de gloire et d'honneur ;* elles se placent. Et voici le plus grand signe de leur légitimité : c'est qu'elles s'avancent comme d'elles-mêmes, sans violence d'une part, et sans délibération marquée de l'autre : c'est une espèce de tranquillité magnifique qu'il n'est pas aisé d'exprimer. *Usurpation légitime* me semblerait l'expression propre (si elle n'était point trop hardie) pour caractériser ces sortes d'origines, que le temps se hâte de consacrer (1). »

(1) JOSEPH DE MAISTRE, préface de l'*Essai sur le principe générateur des Constitutions,* édition de 1852, pages XII et XIII.

ORIGINES

DES

BONAPARTE

ORIGINES

DES

BONAPARTE

—

EN 1805, des généalogistes s'é-
taient mis à l'œuvre pour dé-
montrer que le nouvel Empe-
reur des Français était de bonne maison.
Il parut au *Moniteur* une note ainsi
conçue :

« 26 messidor an XIII (1)

« On a mis dans les journaux une généalogie aussi ridicule que plate de la maison Bonaparte. Ces recherches sont bien puériles. A tous ceux qui demanderaient de quel temps date la maison Bonaparte, la réponse est bien facile : *Elle date du 18 brumaire.* Comment, dans le siècle où nous sommes, peut-on être assez ridicule pour amuser le public de pareilles balivernes ? Et comment peut-on avoir assez peu le sentiment des convenances et de ce que l'on doit à l'Empereur, pour aller attacher de l'importance à savoir ce qu'étaient ses ancêtres ? Soldat, magistrat et souverain, il doit tout à son épée et à l'amour du peuple... Si c'est un écrivain qui a voulu faire sa cour à l'Empereur par cet article, c'est bien le cas de dire : *Il n'y a rien de dangereux comme un sot ami.* »

(1) 14 juillet 1805.

A ce ton, à cette manière de parler de la maison Bonaparte, à cette libre façon de citer les auteurs, chacun reconnut la voix du maître.

Les courtisans s'étaient fourvoyés. Ils se le tinrent pour dit.

Napoléon Bonaparte ne manifestait pas alors pour la première fois ce qu'il pensait de cette noblesse qu'on voulait tirer pour lui d'antiques parchemins. Général en chef de l'armée française en Italie, il avait eu occasion de recevoir, dans quelques villes, des députations de magistrats qui étaient venus lui présenter les preuves de la noblesse de ses aïeux de Trévise, de Florence, de San-Miniato, de Bologne. Des livres d'or, des monuments, des tombeaux, des fondations pieuses gardant encore l'empreinte du nom des Bonaparte, lui avaient été montrés. Mais le jeune vainqueur avait passé devant ces vestiges d'une vieille gloire, sans autre marque d'attention que celle qui lui était commandée par son respect pour des pays très-attachés à leurs traditions locales. Les observateurs avaient même vu sous cette indifférence, propre d'ailleurs à l'esprit du temps, une certaine impatience de ce qui pouvait le séparer de la France, la patrie d'adoption de son génie.

Un seul jour, il se laissa dire jusqu'au bout qu'il était de noble origine italienne. Ce fut à San-Miniato, où il venait d'arriver, le 29 juin 1796, de retour de son expédition sur Livourne. Là, à San-Miniato, vivait un bon vieillard, opulent, honoré et pieux, le chanoine Philippe de Bonaparte. Celui-ci n'eut pas plutôt appris l'arrivée du jeune général, qui remplissait en ce moment toutes les bouches de la renommée, qu'il se rendit auprès de lui et demanda, en qualité de parent, la faveur d'être admis en sa présence. Le chanoine Philippe a plus tard raconté les détails de cet entretien. Le général l'avait accueilli avec une courtoisie bienveillante. Il l'avait écouté comme les jeunes gens et les victorieux ne savent pas écouter. Quand le chanoine Philippe eût prouvé sa parenté et exposé la série des hauts faits et des aïeux de la famille Bonaparte (il s'était muni des pièces), le général avait dit qu'il savait gré à la généalogie de ce qu'elle lui donnait un parent aussi recommandable que l'était son visiteur. Encouragé par cet accueil, le chanoine Philippe avait ajouté qu'il venait de parler de la gloire humaine de leur commune famille ; mais qu'il n'avait rien dit encore auprès de ce qu'il lui restait à dire. Là-dessus, sans plus de préambule, il lui avait demandé : « Savez-vous qui vous a mis à la tête de l'armée d'une puissante nation ? qui écarte les dangers de votre personne ? qui marche devant vous pour vous assurer la victoire ? qui intercède auprès de

Dieu pour vous préparer des destinées plus hautes encore? C'est un de nos aïeux, un saint? » Comme le général ne dit rien tout d'abord, le chanoine Philippe en profita pour continuer et avouer le but réel de sa visite. D'après les explications dans lesquelles il entra, le parent dont il s'agissait était mort en odeur de sainteté, ainsi que l'attestaient de nombreux et suffisants miracles; mais sa canonisation n'avait pas encore été prononcée : or, il importait d'obtenir du Saint-Père l'instance préalable nécessaire à cette déclaration; le général en chef de l'armée française en Italie était sans doute en faveur auprès du Saint-Père, et nul plus que lui ne se trouvait en état de se charger de cette intéressante négociation.

Le bon chanoine ignorait qu'en ce moment le Directoire exécutif écrivait au général en chef de l'armée française en Italie les lettres les plus pressantes pour lui enjoindre de marcher sur Rome et de négliger même, pour cette expédition contre Rome, le soin plus important d'expulser les Autrichiens de la Péninsule. Le général Bonaparte résistait, autant qu'il était en lui, à ces ordres répétés. Il exposait même sa fortune naissante par son refus dissimulé, mais constant, de se prêter à la politique du Directoire contre le Saint-Siége. Tout ce qu'il lui fut permis de faire, ce fut d'imposer à la cour de Rome une paix dont les conditions pouvaient paraître dures à ceux-là seulement qui ne savaient pas de quels périls plus grands la papauté se rachetait en promettant de livrer des œuvres d'art et quelques millions (1).

(1) Traité du 5 messidor an IV, 23 juin 1796. Nous faisons ici allusion à l'état des choses tel qu'il était au moment du récit que nous rapportons. Plus tard, il est vrai, la politique du général Bonaparte envers le Saint-Siége devint plus rigoureuse ; toutefois elle ne cessa point d'être une intention secrètement arrêtée d'épargner Rome et de

Le général Bonaparte ne mit pas le chanoine Philippe dans la confidence de ces embarras de sa position. Mais il ne l'interrompit pas pendant sa requête, et la sauver, tout en la menaçant et frappant beaucoup. Ainsi, le traité précédent du 23 juin 1796 n'ayant pas été exécuté par le gouvernement pontifical, qui même avait laissé rompre l'armistice par une insurrection de ses sujets, le général Bonaparte dut céder aux injonctions du Directoire et marcher contre la capitale de la chrétienté. Mais il fit en sorte de ne pas aller plus loin qu'Ancône où il s'arrêta le 10 février 1797, et où, tout en effrayant les esprits par les démonstrations hostiles les plus bruyantes, il dit au cardinal Mattei ces paroles significatives : « Dans votre cour, vous avez mauvaise opinion de mes dispositions ; détrompez-vous ; que l'on traite avec moi : je suis le meilleur ami de Rome. » Le traité de Tolentino conclu en conséquence de cette ouverture (1er ventôse an V, 19 février 1797), si désastreux qu'il fût pour le saint-siége, ne satisfit pas le Directoire qui le trouva beaucoup trop généreux. Celui-ci était alors dominé par une espèce de secte qui faisait la guerre à toutes les religions ; il tenait à l'entière suppression de l'Etat romain et de la Papauté, et il profita, pour arriver à ses fins, d'un funeste et mystérieux événement, la mort du général Duphot dans une émotion populaire. Mais ce fut le général Berthier qui accepta la mission de « faire chanceler la tiare au prétendu chef de l'Eglise universelle, » expressions du Directoire.

.il lui demanda même quelques détails sur le bienheureux dont la cause lui était recommandée. Il sut que ce bienheureux se nommait dans le monde *Giovanni Genesio Bonaparte*, en religion *fra Bonaventura*, et qu'il était mort en 1593, dans l'ordre illustre des Capucins.

Le chanoine Philippe reçut quelques jours après une marque de la bienveillance de celui qu'il aimait à nommer « mon neveu le général ; » mais ce ne fut pas la nouvelle de l'instance en canonisation de la cause de fra Bonaventure. Il était chevalier de l'ordre de Saint-Etienne ; le grand-duc Ferdinand, de Toscane, grand

d'installer une République à la place de l'Etat Romain et de s'emparer de la personne de Pie VI, mort bientôt après, en captivité, à Valence dans le Dauphiné. Quant au général Bonaparte, il n'avait pas voulu pour lui de cette expédition : « Au milieu de ces désastres et des récriminations du Directoire, dit un historien peu suspect en cette matière, on remarqua que le général Bonaparte s'abstint de marcher à la tête de son armée. (Le chevalier ARTAUD, *Histoire de Pie VII*, t. I, p. 33 et 50, 2ᵉ édition.)

maître de l'ordre, le nomma à une commende(1). Le chanoine Philippe ne jouit pas longtemps de cet honneur ; il continua d'écrire au général Bonaparte et mourut le 24 décembre 1799, en laissant tous ses biens aux pauvres (2).

(1) L'historien de Pie VII raconte cette anecdote : « Le premier ministre de Ferdinand III, grand-duc de Toscane, le marquis Manfredini se plaignait au général Bonaparte de l'expédition sur Livourne. Le général, sans lui répondre, lui demanda ce que signifiait une croix qu'il voyait à la boutonnière des seigneurs toscans : C'est la croix de l'ordre de Saint-Etienne, pape et martyr, dit le ministre. — Eh bien, envoyez-la à mon oncle, le chanoine Bonaparte, que je viens de visiter à San-Miniato. » (Le chevalier ARTAUD, *Histoire de Pie VII*, t. Ier, p. 16, 2e édit.)

(2) Toute cette histoire du chanoine Philippe et du bienheureux Bonaventure est inexactement rapportée par les écrivains français qui s'en sont occupés. Nous avons suivi une relation tout à fait digne de foi, celle qui se lit dans la *Storia genealogica della famiglia Bonaparte, da un Samminiatese*, Firenze, 1847. — Au sujet du frère Bonaventure, on confond avec ce bienheureux un autre Saint Bonaparte, dont on voit le tombeau, à Bologne, dans l'église de *Santa Maria della Vita*, avec cette inscription :

Arca Bonæpartis corpus tenet ista beati;
Sanavit multos et se sanctum esse probavit.

Citons encore un témoignage des sentiments de l'Empereur pour sa noble origine italienne. Lorsqu'il fut question du mariage de l'archiduchesse Marie-Louise, quelques personnes de la cour de Vienne songèrent à fournir à l'Empereur François les preuves généalogiques des Bonaparte.

Ce prince, qui appréciait beaucoup cette sorte d'illustration, fut émerveillé de trouver en celui qu'il ne croyait être que le génie et la puissance des temps modernes, un descendant des plus nobles familles du moyen-âge. Napoléon, à qui il en fit plus tard ses compliments mêlés à quelques reproches affectueux pour sa modestie trop grande, lui répondit, assure-t-on : « Je ne vous ai pas parlé de

« Cette chàsse renferme le corps du bienheureux Bonaparte ; les nombreux malades qu'il a guéris attestent sa sainteté. » Ce Saint Bonaparte, dont le roi Louis visitait le tombeau le 3 septembre 1817, était de la famille Ghisilieri. (Voir *Documents historiques sur la Hollande,* Paris, 1820, tome 1er, p. 317).

cela, parce que je n'y attache pas beaucoup d'importance. Que voulez-vous! Je ne suis que le Rodolphe de Hapsbourg de ma race (1). »

Sous l'Empire, il y eut encore des personnes qui ne se lassèrent pas de rechercher des documents généalogiques et d'en faire hommage. « Je n'ai jamais regardé, a dit l'Empereur, un seul de ces parchemins; je les faisais passer à mon frère Joseph, le généalogiste de la famille, » ajoutait-il gaiement (2).

Il n'est point douteux que ces marques de dédain n'aient été cause du peu de soin que les écrivains sérieux de notre pays ont mis à constater les origines de la famille Bonaparte. Les preuves de ces origines n'existaient pas en France; on ne

____

(1) *Documents historiques sur la Hollande*, tome 1er, p. 34. — *Mémorial de Sainte-Hélène*, livre 1er, p. 133 de la première édition.

(2) *Mémorial de Sainte-Hélène*, livre 1er, p. 139.

pouvait les trouver qu'en Italie, dans les bibliothèques de plusieurs villes ; on n'était pas encouragé pour se livrer à une pareille recherche ; on n'était pas assuré de plaire au retour d'une aussi laborieuse investigation : il n'en faut pas tant pour faire négliger l'étude d'une question historique dont rien, au reste, ne démontrait l'urgence. Il y a plus : les convenances, le bon sens politique le plus vulgaire voulaient qu'on n'altérât pas, si l'on peut s'exprimer ainsi, par une vaine décoration nobiliaire, la gloire de l'homme qui tirait ses titres à la souveraineté de son génie, du génie et de l'œuvre d'une révolution. L'égalité civile fondée, la démocratie organisée, les saines aspirations de la raison moderne rendues possibles, une ère nouvelle inaugurée dans le monde, c'étaient là les caractères propres à la gloire de Napoléon, et cette gloire n'avait nul besoin de partager avec les titulaires dépossédés de l'ancien ordre social l'honneur d'avoir eu, comme eux, des aïeux.

Mais si les écrivains français se sont interdit en général de s'occuper d'un travail dont les avantages leur paraissaient à bon droit au moins contestables, les écrivains d'un autre pays n'avaient pas les mêmes motifs d'abstention. En Italie, en effet, un sentiment bien naturel intéressait le patriotisme et la vanité nationale à ces recherches généalogiques sur la famille Bonaparte :

Salve, magna parens frugum, Saturnia tellus,
Magna virum (1).

Il appartient à cette noble terre de se croire en droit d'exercer une revendication toutes les fois qu'il est question d'une grandeur historique. Ses annales, au moyen-âge, conservent la mention répétée, dans les occasions les plus mémo-

(1) Virgile, *Géorgiques*, livre 2, v. 173-4.

rables, de ce nom des Bonaparte. Pourquoi les Italiens auraient-ils négligé de réclamer la gloire d'avoir produit la race de laquelle est sorti l'organisateur des temps modernes? Les Italiens n'ont eu garde de s'oublier à ce point, et leur littérature, aussi élégante que solide, présente plusieurs ouvrages d'un mérite éminent, où les origines de la famille Bonaparte sont traitées avec un incomparable mérite d'érudition.

Ainsi, tandis qu'en France on s'en tenait à des tableaux généalogiques sans preuves, sans valeur, mais non sans de nombreuses et grossières inexactitudes, tandis qu'on se permettait des hypothèses tout à fait ridicules et bien propres à discréditer ces sortes de recherches (1), en

---

(1) Qui ne connaît notamment l'histoire qui fait des Bonaparte les seuls Bourbons légitimes, à cause de leur descendance primitive d'un frère aîné de Louis XIV, le *Masque de fer,* secrètement marié à une demoiselle de Bonpart?

Italie on produisait des œuvres sérieusement étudiées, comme *La Famiglia Bonaparte dal 1183 al 1854*, par N. J. de C., Naples 1840 ; comme *La Storia genealogica della famiglia Bonaparte, scritta da un Samminiatese*, Florence, 1847 ; et tout récemment, un vrai monument de haute et sincère érudition comme *Le Antichità dei Bonaparte* (1).

Au reste, il est juste de le reconnaître, les Italiens n'ont pas attendu les merveilles de l'Empire ni même l'apparition du jeune général en chef de l'armée française pour se glorifier d'avoir donné le jour à la famille Bonaparte. Des faits éclatants, des

D'autres histoires sont moins gaies et non plus vraisemblables

(1) Nous regrettons de ne pouvoir citer sous son vrai titre une très-importante notice sur les Bonaparte de Trévise, par le comte Jérôme Asquini, oncle de S. Em. le cardinal de ce nom. Les Asquini ont été alliés par le sang à la famille Bonaparte, et leurs représentants actuels sont en possession des documents les plus curieux.

actes d'une importance nationale , des œuvres littéraires restées mémorables, certains traits propres à cette race avaient arrêté depuis longtemps l'attention des érudits. Un écrivain du XVIe siècle, chroniqueur fort estimé, faisant une histoire des familles de Trévise , débute ainsi dans la partie de son œuvre consacrée aux Bonaparte ; « Bonapartia gens , et nobilis et antiqua, ante annum **1200** inter nobiles semper fuisse reperitur... (1) » Un autre écrivain du XVIe siècle, Bonifacio, dans ses *Storie di Trevigi* qui ont eu plusieurs éditions, revient à différentes reprises sur la famille des Bonaparte. Un prodigieux érudit écrivant dans la première moitié du XVIIIe siècle, le Ducange italien, Muratori, a inséré, dans ses recueils de documents, des chroniques, des actes, des di-

______

(1) Chronique latine de *Mauro, giudice Trevigiano,* dans la bibliothèque communale de Trévise, et dans les archives de la famille Moretti Adimari, à Trévise. — Mauro est plus explicite encore dans la version italienne de sa chronique.

plômes relatifs à la famille des Bonaparte ; on trouve ces actes dans le vo-
lume V des *Antiquitates Italicæ medii œvi*
et dans les volumes VIII, IX et XII des
Rerum Italicarum scriptores. Et nous
omettons de citer les *Delizie degli eruditi
Toscani*, les *Deliciæ eruditorum*, la *Raccolta
di opuscoli Calogerà*, etc., etc. Comment
les Italiens auraient-ils manqué à conserver
le souvenir des Bonaparte? S'il est, dans
leurs glorieuses annales, un moment na-
tional, héroïque, c'est bien celui de la ligue
des villes Lombardes. Quelques bourgeois
résolus à ne plus supporter les exactions
d'officiers étrangers, entreprennent de tenir tête à l'empire d'Allemagne, alors dans
toute sa puissance et représenté par le for-
midable Frédéric Barberousse. Ces bourgeois, à qui se joignent les paysans et
des nobles, font mieux que de se soulever
contre un maître qui a promis de les
gouverner et qui les opprime : ils ne

fuient pas devant ces lourdes armées féo-
dales qui accourent pour les écraser du
fond des repaires les plus sauvages de la
Germanie. Étonné d'une résistance dont
la vigueur croît avec la violence de ses
agressions, Frédéric Barberousse revient
quatre fois à la charge avec des bandes
nouvelles. Mais c'est en vain : la terre italienne dévore les ennemis qui l'envahis-
sent, et c'est l'Empereur, le prince alors
le plus redouté du monde chrétien, qui
demande la paix ; il cède à cette force
inconnue qui vient de naître, le droit
d'un grand peuple. Or, à ce début, à cet
éclatant avénement de la nationalité italienne, il y avait un Bonaparte. Jean 1er
de Bonaparte, le fondateur de la famille,
était avec ses fils parmi les nobles hommes
qui précédaient les bourgeois dans les mêlées et leur enseignaient à tenir un camp,
à profiter des avantages du terrain, à sur-
prendre l'ennemi, à ne point rompre de-

vant les bataillons de fer. Ce Jean 1er de Bonaparte mérita d'être nommé Recteur de la ligue des villes Lombardes. Au jour de la victoire définitive, en 1183, après plus de quinze ans de combats, celui qui arrêtait à Plaisance, au nom de la vaillante marche de Trévise, les articles du traité qui fut, un mois après, la *Paix de Constance*, c'était le même personnage, dont le nom est ainsi écrit dans l'acte officiel qui est resté de cette célèbre convention : « *Joannes de Bonaparte, de Tarvisio, Consul et Rector.* » L'Italie n'a plus oublié ce nom qu'elle retrouvait encore, porté par un petit-fils du précédent, cinquante-six ans après, en 1239, à la tête d'une armée de partisans guelfes arrêtant à Castelfranco l'armée gibeline, commandée par Frédéric II en personne.

Venise ne se crut pas maîtresse de Trévise tant qu'il y eut des Bonaparte dans cette marche ; elle profita d'un moment de lassitude et d'épuisement pour faire crier leur bannissement et confisquer leurs biens. C'est en 1557 que l'écusson des Bonaparte fut brisé au fronton de leur palais de la place de Saint-André, à Trévise. Etrange retour des événements ! quatre cent quarante ans après, un Bonaparte proclamait, à Campo-Formio, la fin de la république de Venise.

Quand l'Italie n'eut plus de guerres nationales, quand elle ne connut plus que les guerres civiles, les Bonaparte cessèrent d'apparaître dans ces luttes où la défaite est toujours sans honneur et la victoire sans contentement. Retirés à Florence, à San-Miniato, à Bologne, ils fondèrent de nouvelles familles, occupèrent des magistratures, furent chargés d'importantes négociations et se donnèrent surtout pour mission de cultiver les lettres. Un auteur italien, écrivant au xviiie siècle une esquisse historique de la famille des Bonaparte, faisait déjà, dès 1756, cette curieuse remarque : « Dans cette famille, disait-il, il y a toujours eu quelqu'un d'illustre dans l'art d'écrire (1).» Un Bonaparte a donné au théâtre italien une de ses bonnes comédies, la *Vedova*, imprimée à Florence en 1592 (2). Un autre Bonaparte a enseigné le droit à Pise, avec une élévation de doctrine et d'éloquence qui paraît avoir vivement excité l'admiration des contemporains (3). Mais on ne peut pas parler des œuvres littéraires de cette famille sans faire men-

(1) « Di fatto in questa famiglia furono sempre soggetti insigni per litteratura ; e puo aversene notizia nell' istorie.. del Fabrucci... dove si ramentano con somma lode Nicolo Bonaparte, primo introduttore della giurisprudenza culta... e altri varii litterati di grido, che fiorirono in diversi tempi di una tal casa. » Préface du *Ragguaglio storico*, de 1756, dont il va être question ci-après.

(2) Le manuscrit autographe de cette comédie est à la Bibliothèque impériale de Paris. L'auteur de cette pièce est Nicolo, des Bonaparte de Florence.

(3) Nicolo Bonaparte, de Florence, neveu du précédent auteur de la *Veuve*.

tion d'un écrit dont la découverte, au xviie siècle, fut presque un événement pour l'érudition.

En 1664, il avait paru à Paris un livre qui était l'impression faite, pour la première fois, d'un manuscrit italien. Ce livre contenait le récit, et pour mieux dire, le journal d'un lamentable événement, la prise et le sac de Rome, le 5 mai 1527, par l'armée impériale du duc Charles, connétable de Bourbon. Quel était l'auteur de ce livre? c'est ce qu'on ne sut pas tout d'abord. Mais on y remarquait des peintures vraies, des vues sages, de la raison politique, et l'on crut pouvoir l'attribuer à un des meilleurs écrivains de la littérature italienne, à l'historien François Guichardin. Toutefois, le *Journal des Savants*, qui s'occupa du *Sac de Rome*, déclara, dès 1664, que cet ouvrage n'était pas de François Guichardin, dont il ne reproduisait pas l'esprit moins réservé et le style plus étu-

dié. La critique italienne releva l'obser-
vation. On fit des recherches, et l'on trouva
que l'ouvrage n'était pas de François Guichardin, mais bien de Louis, son frère ;
celui-ci, en effet, avait composé sur les
événements dans lesquels se place le sac de
Rome, un livre où cette catastrophe était
racontée en des termes presque toujours
conformes à ceux du manuscrit imprimé à
Paris en 1664. Ce manuscrit, que l'on
avait réputé inédit, était ainsi, on le crut
du moins, la copie partielle d'une œuvre
déjà imprimée depuis 1540. Mais les gens
qui font métier de se connaître en composition, littéraire ne pouvaient s'empêcher
d'avoir des doutes ; ils constataient des dif-
férences entre la manière de Louis Guichardin et la forme particulière de son
récit du sac de Rome. Des soudures mal
déguisées, des périodes disparates, fai-
saient croire à une interpolation. Il y avait
d'ailleurs dans cette partie de l'œuvre de

Louis Guichardin une simplicité émue et sensée, remplacée par d'autres qualités dans les autres parties de l'ouvrage du même auteur. On reprit les recherches et l'on finit par mettre la main sur un manuscrit original, d'après toutes les apparences : or, ce manuscrit, cette relation authentique et primitive ne provenait ni de François, ni de Louis Guichardin ; c'était l'œuvre d'un contemporain, d'un témoin oculaire, de Jacques Bonaparte, personnage jadis illustre et bien initié à toutes les affaires de la cour de Rome, car il avait été l'ami et le confident du cardinal Jules des Médicis avant son élévation au Saint-Siége, et depuis il était devenu par la faveur du pape Clément VII, archiprêtre de Colle, doyen de la métropole de Florence, chanoine de la Basilique Vaticane, protonotaire et secrétaire apostolique. Le gonfalonier Louis Guichardin s'était approprié l'œuvre de ce personnage et l'avait intercalée dans son récit, en l'accommodant, çà et là, à sa manière parfois emphatique. Les investigations et les querelles avaient duré près d'un siècle, heureusement avec des intervalles de repos.

Le *Sac de Rome* fut publié de nouveau sous le vrai nom de son auteur et d'après le manuscrit primitif, à Cologne, en 1756 avec le titre suivant : *Ragguaglio storico di tutto l'occorso giorno per giorno nel sacco di Roma dell' anno* 1527; *scritto da Jacopo Bonaparte, gentiluomo samminiatese, che vi si trovò presente; trascritto dall' autografo di esso, ed ora per la prima volta dato in luce.* In Colonia, 1756. Il y eut encore une protestation; les partisans des Guichardin revendiquèrent l'œuvre une dernière fois et la firent réimprimer, deux ans après, en 1758, avec le nom d'un de leurs auteurs. Mais l'érudition critique était fixée; elle le fut surtout, on peut le croire, à l'apparition en Italie du général en chef de l'armée française.

Le récit historique de Jacques Bonaparte a été traduit en français sous le titre suivant : *Tableau historique des événements survenus pendant le sac de Rome, en 1527, transcrit du manuscrit original et imprimé pour la première fois à Cologne en 1756, avec une note historique sur la famille des Bonaparte ; traduit de l'italien par M**** (1); *Paris*, 1809. Mais Jacques Bonaparte, qui avait été frustré de la propriété de son œuvre pendant plus de deux siècles, devait recevoir, dans les temps modernes, une magnifique compensation. Une nouvelle traduction française du *Sac de Rome* a été publiée à Florence, en 1830, par S. A. I. le Prince Napoléon-Louis Bonaparte, frère de notre Empereur. L'auguste et jeune écrivain a fait plus pour la mémoire de Jacques Bonaparte : il a indiqué, en quel-

(1) Hamelin, d'après les bibliographes Barbier et Quérard.

ques traits, la généalogie de cette grande famille, dans laquelle il y a une place pour le sagace, touchant et pieux historien du *Sac de Rome.*

Dans l'esquisse que nous venons de rappeler, on trouve, si l'on peut ainsi parler, les têtes de chapitres de l'histoire des anciens Bonaparte. Mais les chapitres ne sont point remplis, et cette lacune a tenté le zèle d'un savant paléographe. M. Fréderic de Stefani a entrepris de rechercher et de réunir tous les documents qui, dans les annales de l'Italie, se réfèrent aux ancêtres du fondateur de la quatrième dynastie de la France.

Quand on considère d'une manière générale la constitution de l'Europe, on y découvre trois éléments comprenant chacun plusieurs pays : la nationalité latine, qui est à l'origine de la civilisation de notre continent ; la nationalité teutonique, dont l'apparition, suivie de troubles, a déterminé la formation d'un monde nouveau ; la nationalité slave, qui devait se montrer la dernière, mais dont les courants circulent dans notre vieille Europe bien avant la latinité elle-même. Or, dans cet échange forcé d'influences dont se compose notre histoire primitive, la nationalité teutonique a donné deux dynasties à ce premier-né de la civilisation latine, le pays des Gaules. Mais depuis le xive siècle, il y a eu, dans les lettres, les arts, le droit et la politique, un travail incessant de restauration en faveur de l'influence presque exclusive de l'élément latin. Il était naturel qu'à ce mouvement qui a transformé notre langue, nos institutions et les habitudes mêmes de nos esprits, correspondît l'élévation d'une race souveraine nouvelle sortie de la source originaire de la latinité. Il n'y a rien de fortuit dans l'histoire ; tout y procède de causes qu'il s'agit seulement de retrouver. L'invasion germanique a

produit Clovis et Charlemagne; la Renais-
sance et tous les prodigieux efforts de
discipline et de régularité qui en ont été la
suite du xive au xviiie siècle, devaient avoir
pour représentant un enfant d'une beauté
antique, issu du monde latin avec cet héroïque éclat qui a fait reconnaître en lui
un des grands hommes de Plutarque. Il
faut remarquer comment se forme tout
d'abord cette race qu'attend dans l'avenir
la souveraineté. L'Italie, comme on l'a ob-
servé, se compose de régions fort diverses :
ici des territoires brillant des splendeurs
d'une civilisation trop souvent hâtive; là,
d'âpres contrées, innocentes et fières de
leur agreste simplicité. Les Bonaparte ne
naissent pas dans une de ces villes aux
mœurs raffinées, aux développements pré-
maturés, aux conflits sans but : cette race
qui, avant de faire son définitif avénement
ira se retremper encore dans les forêts sauvages de la Corse, se montre tout d'abord

là où l'Italie confine à la barbarie d'anciennes peuplades slaves et celtiques, aux frontières, aux régions des mêlées continues, dans la forte marche Trévisane.

L'ouvrage de M. de Stefani comprend toute l'histoire des Bonaparte de Trévise, les premiers de la race et du nom, de 1123 à 1447. L'auteur se propose de continuer son œuvre et d'étendre ses recherches aux Bonaparte de Florence, de San-Miniato, de Bologne, de Corse (1). D'après la méthode qu'il a adoptée, M. de Stefani ne se borne pas à rétablir, d'une manière certaine, la généalogie d'une famille illustre : il a soin d'exposer dans un récit général l'histoire même des lieux et des villes où se passe la vie de ses personnages. Par là, l'histoire particulière des Bonaparte s'explique par l'importance des événements

(1) Nous croyons savoir que M. de Stefani a reçu de S. Exc. le Ministre de l'instruction publique de France, la mission de poursuivre ses recherches.

dans lesquels ils interviennent ; et comme le savant auteur n'avance rien sans produire les pièces à l'appui, il s'ensuit que son ouvrage est un des recueils les plus riches en documents curieux sur les annales du moyen-âge italien, les agitations intérieures des communes, les conflits des villes contre l'empire d'Allemagne. D'ordinaire, il n'y a rien d'aride et de peu significatif comme une généalogie ; M. de Stefani a su faire de la généalogie des Bonaparte de Trévise une histoire de cette marche célèbre, mieux que cela, une collection de précieux renseignements qui doit prendre place auprès de nos meilleurs recueils de pièces sur l'histoire du moyen-âge. N'oublions pas d'ajouter qu'un autre écrivain a droit à nos éloges : à côté de M. de Stefani, qui a retrouvé, classé les documents et reconstruit toute une époque, M. Lucien Beretta s'est spécialement donné la tâche de placer en tête de l'œuvre une introduction fort remarquable par l'élévation des vues et la chaleur des sentiments, mais peut-être empreinte de préoccupations trop modernes pour l'ancienne histoire à laquelle elle sert de préface. Au reste, ce n'est pas à nous qu'il sied de reprocher à un écrivain étranger d'avoir pris prétexte des Bonaparte de Trévise pour dire avec beaucoup de vivacité ce que l'on pense en Europe des Bonaparte modernes. Ce qui est bien commun aux deux auteurs, c'est la pensée et le zèle qui les a portés à doter l'érudition d'une œuvre pour laquelle rien n'a été épargné, ni les investigations dans les dépôts publics et particuliers, ni l'art de combiner savamment les documents recueillis, ni même un luxe et une perfection typographiques tout à fait dignes du sujet et fort honorables pour l'habile artiste, un des lauréats de notre dernière Exposition Universelle, M. Cecchini, qui a prêté ses presses à cette publication.

Que fût-il arrivé si un livre comme celui de MM. de Stefani et Beretta avait été présenté au général Bonaparte lors de son entrée à Trévise? Nous ne savons absolument pas si cette œuvre eût trouvé grâce devant le général en chef de l'armée française en Italie. Toutefois, ce dont nous nous permettrons d'être à peu près certain, c'est que le général en chef de l'armée française en Italie aurait souri à la découverte de ce qui, d'après des documents positifs, a fait donner à ses premiers aïeux le nom de Bonaparte : ces aïeux ne se nommaient pas d'abord ainsi ; ils se nommaient tout autrement, Malaparte. Mais le peuple les ayant toujours rencontrés dans les rangs et à la tête de la *bonne cause*, ne voulut pas qu'ils conservassent un nom aussi peu d'accord avec la constance de leurs affections, et, de son autorité, il changea lui-même Malaparte en Bonaparte.

CONCORDIAE FRUCTUS